T0386877

Para Álvaro, Pablo y Xabi, por ser grandes apasionados de los dinosaurios. Sin ellos, este libro no hubiera sido el mismo.

Paula Merlán

A mi amiga Irene G, con quien iría una y otra vez de excursión a ver dinosaurios millones de años atrás en el tiempo.

Rena Ortega

Colaboradores especiales:
Álvaro Sánchez, Pablo Sánchez y Xabi Sánchez

Triqueta Editora
María Berdiales, 2, of. 3
36203 Vigo (Pontevedra)
www.triquetaverde.com
info@triquetaverde.com

Diseño: Triqueta Editora
Corrección: Iolanda Mato
Impreso en GPS Group

Primera edición: septiembre 2023
ISBN: 978-84-18687-71-6
D. L.: VG 516-2023

@triqueta_editora
@triquetaverde

DINOSAURÍZATE

Paula Merlán Rena Ortega

Si estás leyendo este libro es que te apasiona vivir aventuras, viajar en el tiempo y, sobre todo, los dinosaurios. Seguro que ya sabes un montón sobre el tema, o quizá no tanto... ¿Te atreves a descubrirlo?

A lo largo de estas páginas te enterarás de **cómo surgió la vida en la Tierra**, qué sucedió **antes de los dinosaurios** y cómo lo revolucionaron todo con su llegada, sus **comportamientos**, sus ***looks*** y hasta con sus excrementos.

Además, podrás dar una vuelta al planeta y conocer en qué lugares se encuentran atesorados los restos de dinosaurios más importantes. Y por si esto fuera poco, ¡podrás enterarte de qué son los ***dinofakes*** y las ***dinolimpiadas***!

¿Que no sabes a qué me refiero? Pues venga, sumérgete en las páginas de este libro y...

¡DINOSAURÍZATE!

Pero antes de empezar,
deberías saber lo que es un dinosaurio.

REQUISITOS PARA SER UN DINOSAURIO:

- Pertenecer al grupo de los **reptiles** (pero sin ser un lagarto).
- Vivir en **tierra firme** hace millones de años.
- Tener la **piel dura y escamosa** y cuerpo **vertebrado**.
- Poner **huevos** con cáscara dura.
- Tener unas **patas rectas y verticales al cuerpo** (si sobresalen lateralmente al cuerpo como los reptiles actuales... ¡no eres un dinosaurio!) y **caminar** a 2 o a 4 patas.

CONCEPTOS BÁSICOS PARA EMPEZAR A DINOSAURIZARTE

¿Qué eran exactamente los dinosaurios? Eran un tipo de reptiles muy particulares. Pertenecen al grupo de reptiles primitivos llamados **arcosaurios**, del que también forman parte los cocodrilos, las aves, los pterosaurios y los tecodontes. No pueden considerarse dinosaurios los reptiles voladores ni los que vivían en el agua. **Solo los terrestres son dinosaurios.**

Vivieron en una época conocida como **Mesozoico**, que se divide en tres períodos: **Triásico, Jurásico y Cretácico**. Seguro que esto del Jurásico te ha sonado un poco peliculero, ¿a que sí? Pues no te pierdas ni un solo detalle y sigue leyendo.

Toda la historia de la vida de la Tierra se divide en cuatro grandes eras: Precámbrico, Paleozoico, Mesozoico y Cenozoico. Las eras se dividen en períodos de millones de años (Ma).

ERA CENOZOICA
- HOLOCENO 11 500 AÑOS
- PLEISTOCENO 2,6 Ma
- PLIOCENO 5 Ma
- MIOCENO 23 Ma
- OLIGOCENO 34 Ma
- EOCENO 56 Ma
- PALEOCENO 66 Ma

ERA MESOZOICA
- CRETÁCICO 145 Ma
- JURÁSICO 201 Ma
- TRIÁSICO 252 Ma

ERA PALEOZOICA
- PÉRMICO 299 Ma
- CARBONÍFERO 359 Ma
- DEVÓNICO 419 Ma
- SILÚRICO 444 Ma
- ORDOVÍCICO 485 Ma
- CÁMBRICO 541 Ma

ERA PRECÁMBRICA
- PROTEROZOICO 2500 Ma
- ARCAICO 4000 Ma
- HÁDICO 4600 Ma

CÓMO SURGIÓ LA VIDA EN LA TIERRA

La vida es tan apasionante como misteriosa. ¿Te habías preguntado alguna vez sobre su origen? Después de la formación del **Sol**, un montón de **rocas** que giraban a su alrededor fueron chocando entre sí para formar los planetas, entre ellos **la Tierra**. Pero la Tierra no estaría sola por mucho tiempo, porque **un planeta** del tamaño de Marte chocó contra ella y, después de una gran explosión, **se formó la Luna**.

Eje de rotación original

El planeta Theia chocó contra la Tierra

La Tierra era una gran masa incandescente de lava volcánica. ¡Qué calor!

Los restos del impacto orbitaban alrededor de la Tierra...

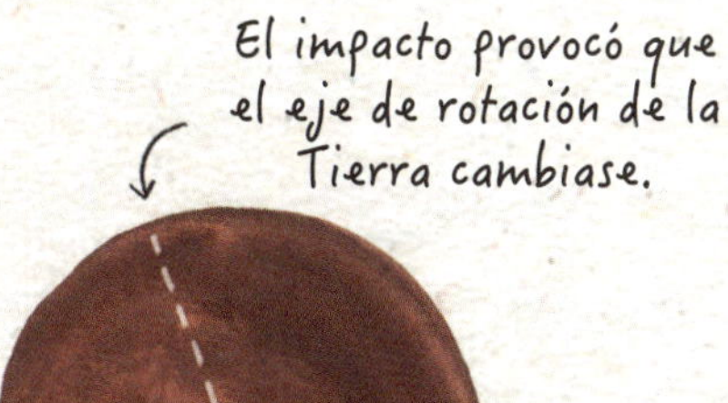

... hasta que se formó la Luna, nuestro famoso satélite.

Lo cierto es que nuestro planeta tardaría mucho en enfriarse y, entonces, **lluvias torrenciales** que se prologaron durante millones de años formaron los océanos. Ya todo estaría preparado para que surgiese la vida en el planeta Tierra.

Hay muchas investigaciones al respecto, pero se cree que en alguna parte de los océanos aparecieron los primeros organismos sencillos, similares a las bacterias, que irían evolucionando en los siguientes millones de años.

CAMBIOS Y MÁS CAMBIOS

Durante muchos millones de años la vida siguió desarrollándose y, mientras, la Tierra se fue transformando y se formaron los continentes. Al mismo tiempo, el clima llegó a sufrir múltiples cambios. Incluso la Tierra casi se congela por completo. ¡Qué fríooo!

Después de este período, fueron surgiendo seres vivos más complejos, como los de la **"Fauna de Ediacara"** (antiguas formas de vida de cuerpo blando que se suelen interpretar como antecesores evolutivos de los animales). ¡Qué curioso!

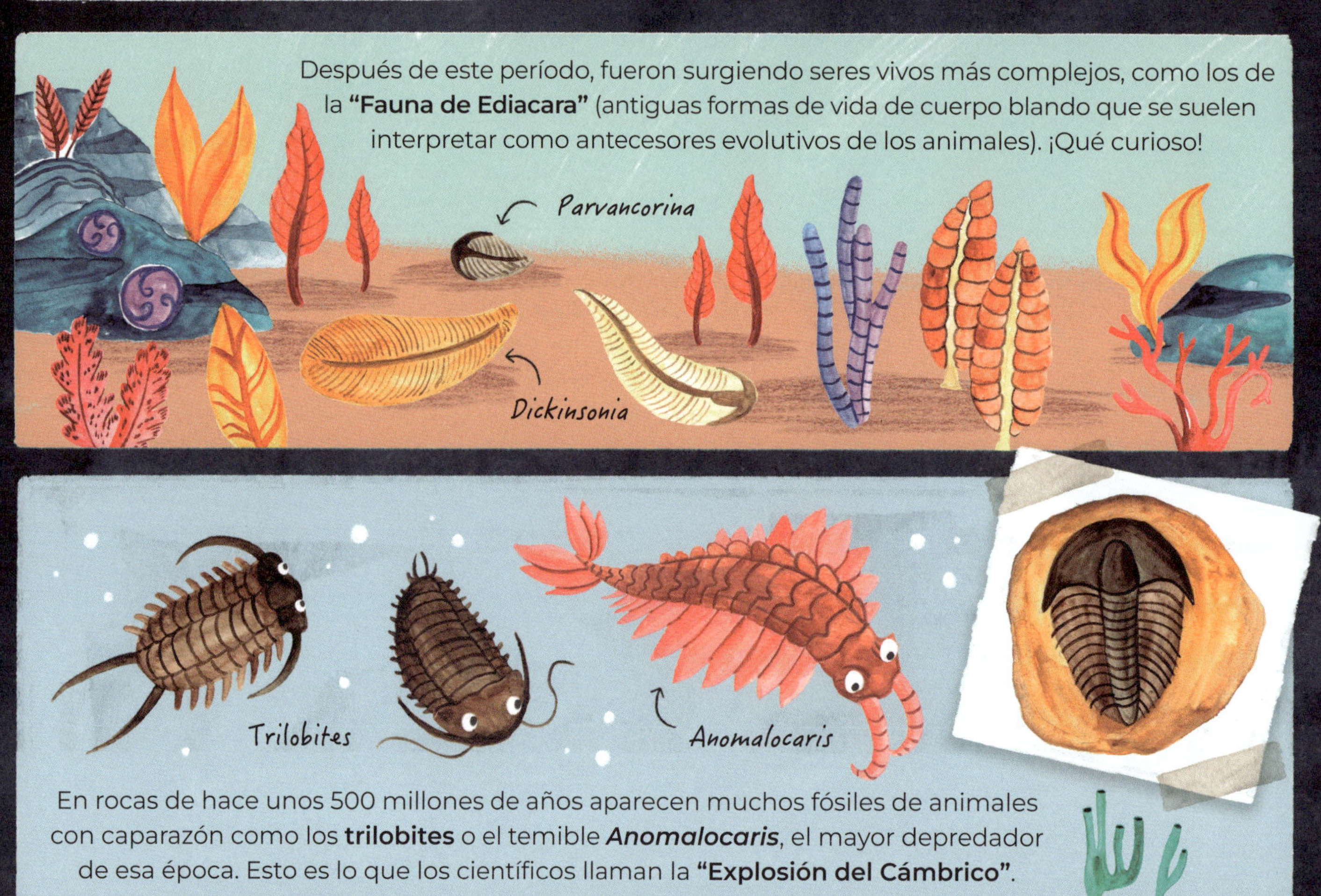

En rocas de hace unos 500 millones de años aparecen muchos fósiles de animales con caparazón como los **trilobites** o el temible ***Anomalocaris***, el mayor depredador de esa época. Esto es lo que los científicos llaman la **"Explosión del Cámbrico"**.

Tampoco podemos olvidarnos de las plantas, pues surgen posteriormente a las primeras algas y medusas. A partir de ahí, empiezan a desarrollarse, aunque no vayas a pensar que se trata de plantas muy grandes, al principio su tamaño era pequeño. Para que te hagas una idea, se parecían al musgo.

LA VIDA ANTES DE LOS DINOSAURIOS

¡Llegaron los peces! Al principio eran pequeños animales que casi pasaban desapercibidos, pero poco a poco fueron desarrollándose y dieron lugar a una gran variedad de especies. Incluso algunos tan espectaculares como los misteriosos peces acorazados.

Lo más increíble es que, aunque haya pasado tanto tiempo, todavía existen algunas especies, como el celacanto, de hace unos 400 millones de años.

Uno de los más monstruosos era el *Dunkleosteus*, se caracterizaba por ser un pez de gran tamaño, protegido por placas óseas y con una poderosa morderdura.

Algunos peces se fueron adaptando a vivir en zonas con poca agua y evolucionaron hacia los **primeros anfibios**, como el ***Tiktaalik***, que podían pasar cada vez más tiempo fuera de ella. Aún así, como anfibios tenían que vivir siempre cerca del agua.

Por suerte, algunos desarrollaron con el paso del tiempo una **piel dura o escamosa** que mantenía la humedad dentro de su cuerpo y así se fueron desarrollando los reptiles, como el ***Hylonomus***. Sus huevos tenían una cáscara dura. También surgieron varios tipos de **reptiles**.

Algunos de ellos darían lugar más adelante a los dinosaurios, las aves y los reptiles actuales, estos son los llamados **saurópsidos**.

Por otro lado, existieron los **sinápsidos**, que se dividían en:

Pelicosaurios (similares a reptiles) como el famoso *Dimetrodon*, que no es un dinosaurio.

Terápsidos, que eran los inquietantes "reptiles mamiferoides" como el *Cynognathus*.

Dentro de esa gran clase de los sinápsidos, pasado mucho tiempo, aparecerían los mamíferos actuales.

¡LLEGAN LOS DINOSAURIOS!

¡Los dinosaurios ya están aquí! Un momento, ¿que no conoces qué quiere decir la palabra dinosaurio? Pues ahora podrás descubrirlo. Dinosaurio significa **"lagarto terrible"**. Esta palabra la inventó un señor británico llamado **Richard Owen**, que era un paleontólogo, biólogo y especialista en anatomía, es decir, tenía un gran conocimiento en el estudio de las estructuras de los animales y de las plantas.

En el **Triásico** vivían el ***Herrerasaurus***, el ***Eoraptor*** y el ***Plateosaurus***, entre otros. Estos son algunos de los dinosaurios más antiguos. Sus principales características eran las siguientes:

En el **Jurásico** apareció una gran variedad de especies de dinosaurios. A este período pertenecen algunos de los dinosaurios más famosos como el ***Brachiosaurus***, que es un buen ejemplo de los grandes saurópodos. Era un herbívoro de gran tamaño y poseía un cuello largo y cola. También pertenecen a este período el ***Stegosaurus***, muy conocido por sus placas dorsales y el ***Allosaurus***, con sus características crestas.

En el **Cretácico**, el continente Pangea empezó a dividirse y aparecieron las plantas con flores, llamadas angiospermas. Esto favoreció el desarrollo de los insectos polinizadores. De manera que flores e insectos fueron evolucionando conjuntamente.

El Cretácico fue la época de apogeo, es decir, en la que se desarrollaron más especies de dinosaurios, como el ***Tyrannosaurus rex***, con un cerebro de gran tamaño. Sus dientes eran poderosos y resistentes. Por su parte, el ***Velociraptor*** era un dinosaurio emplumado de pequeño tamaño. El ***Triceratops*** destacaba por sus tres cuernos.

CLASIFICACIÓN DE LAS FAMILIAS DE LOS DINOSAURIOS

Brachiosaurus

Apatosauru

Saltasaurus

Diplodocus

Al principio, los dinosaurios eran unos **reptiles carnívoros de pequeño tamaño**, pero con el tiempo se dividieron en dos grupos llamados **ornitisquios** y **saurisquios**. Esta diferencia se establece en función de su cadera. De su cadera, sí. Toma buena nota para identificarlos.

Los dinosaurios **ornitisquios** son aquellos que tienen **cadera de ave**, mientras que los **saurisquios** son los dinosaurios con **cadera de lagarto**. ¿Te parece raro? Pues fíjate bien en su aspecto.

DINOSAURIOS

SAURISQUIOS

· Cadera de lagarto

SAURÓPODOS

· Cuello largo y cabeza pequeña
· Herbívoros
· Cuadrúpedos con patas gruesas
· Cola robusta y huesos enormes

TERÓPODOS

· Dientes afilados
· Carnívoros
· Huesos huecos
· Extremidades con tres dedos funcionales y garras

ORNITISQUIOS

· Cadera de ave
· Herbívoros

MARGINOCÉFALOS

· Cabeza reforzada o acorazada

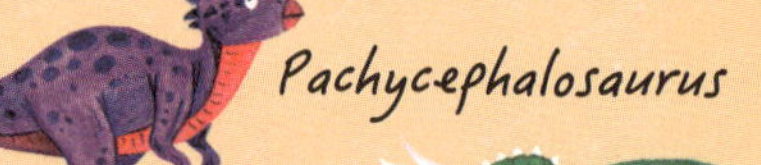

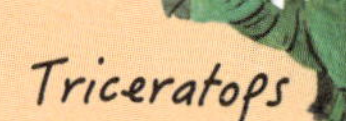

ORNITÓPODOS

· Bípedos
· Pies con tres dedos
· Cabeza con pico de pato

Iguanodon

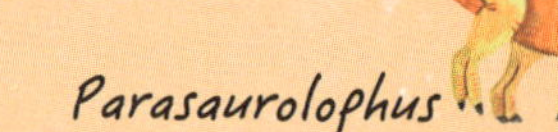

TIREÓFOROS

· Cuerpos acorazados, como armaduras

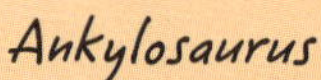

TETANUROS

- Grandes carnívoros
- Depredadores letales
- Cola rígida
- Bípedos
- Garras curvas y afiladas

CELUROSAURIOS

- Tamaño pequeño
- Complexión ligera
- Mandíbulas estrechas
- Cuellos largos y flexibles
- Largas patas traseras para correr velozmente
- Garras afiladas y cola larga
- Cuerpos cubiertos de plumas

Tampoco podemos olvidarnos de un grupo muy importante, el de los **pequeños dinosaurios emplumados**. Estos son los **antepasados de las aves actuales**, como el ***Archaeopteryx***, cuyo nombre significa “ala antigua”. De su evolución fueron surgiendo los actuales pájaros. El ***Archaeopteryx*** medía unos 35 cm, tenía garras, dientes, una larga cola, plumas, alas y un espolón parecido al de los gallos.

X-RAY

Ha llegado el momento de observar cómo eran los dinosaurios por dentro. Estas radiografías te ayudarán a conocerlos, porque... ¡la belleza está en el interior! Como ya hemos visto, **la forma de la cadera de los dinosaurios saurisquios y ornitisquios es diferente**. Intenta recordar bien estos tres nombres, pues son básicos y muy importantes para entender en qué se diferencian unos dinosaurios de otros: **ilion, pubis e isquion**.

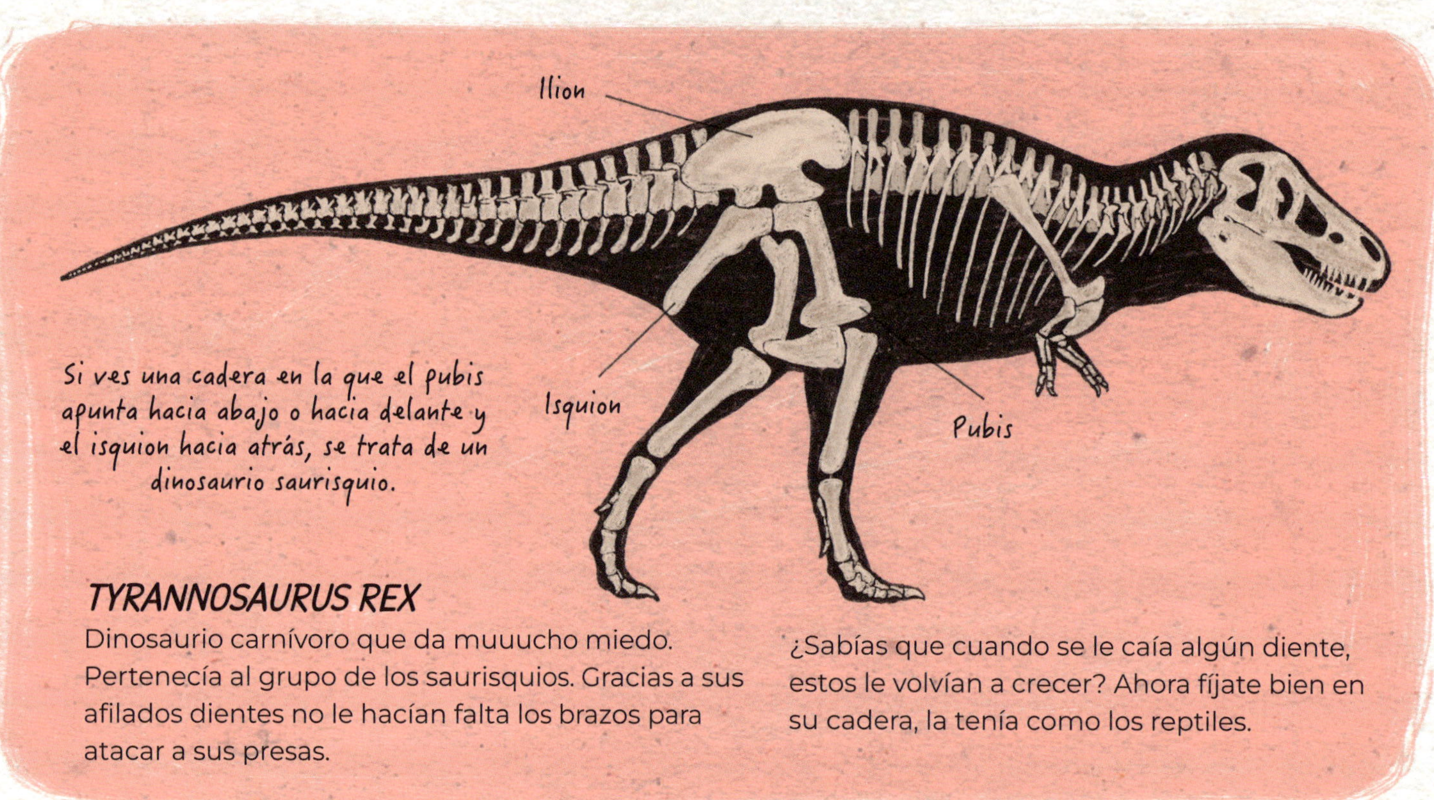

TYRANNOSAURUS REX

Dinosaurio carnívoro que da muuucho miedo. Pertenecía al grupo de los saurisquios. Gracias a sus afilados dientes no le hacían falta los brazos para atacar a sus presas.

¿Sabías que cuando se le caía algún diente, estos le volvían a crecer? Ahora fíjate bien en su cadera, la tenía como los reptiles.

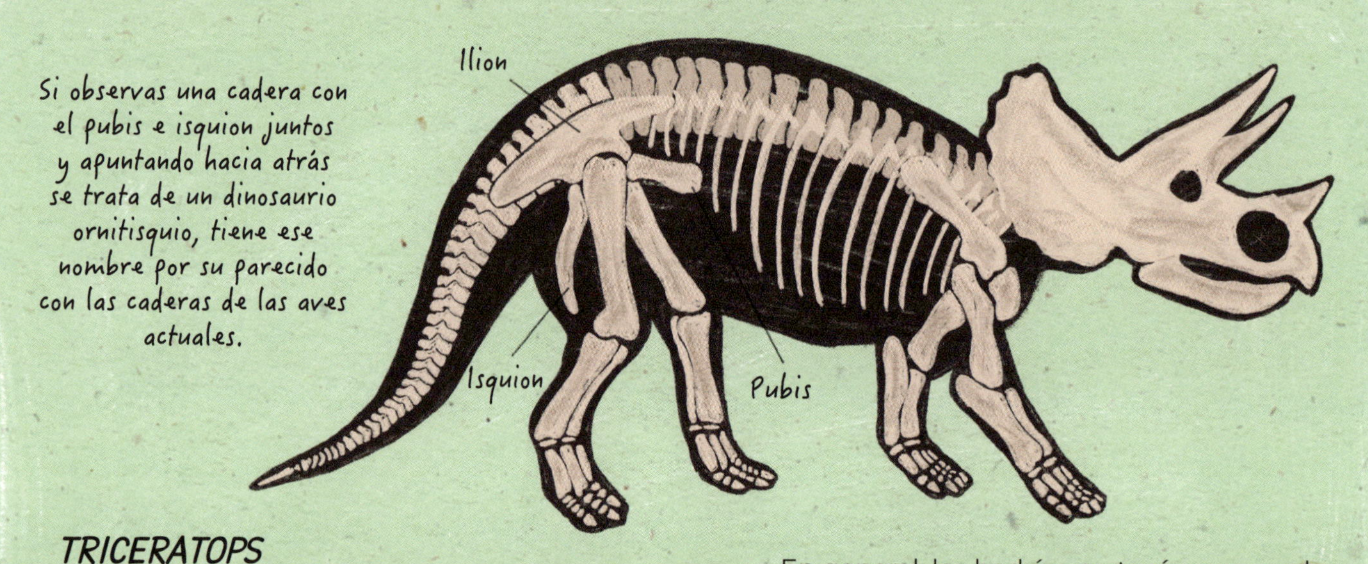

TRICERATOPS

Dinosaurio herbívoro, con cuernos de infarto. Pertenecía al grupo de los ornitisquios. Tenía una cabeza acorazada con varios cuernos para protegerse de sus depredadores.

En general, los herbívoros tenían un cerebro más pequeño y los carnívoros solían tenerlo más desarrollado, aunque en este caso no se cumple la regla general. La cadera de este dinosaurio era similar a la de las aves.

AGÁRRATE

¡Ya puedes empezar a temblar, que vienen garras! ¡Uf! ¡Están muy afiladas! Pero no te preocupes, estas no podrán hacerte ningún daño, solo te sorprenderán. Diferentes investigaciones han demostrado que las garras de los dinosaurios podían tener **múltiples funciones**.

En el extremo de los dedos de algunos dinosaurios, sobre todo de los **carnívoros**, aparecen garras que podían usarse para **atacar a las presas**, como **arma defensiva** e incluso para **exhibirse** ante las hembras y enemigos.

En **herbívoros**, como el ***Diplodocus***, aunque podrían conservar alguna garra (usadas probablemente para excavar) en otros dedos solo aparecen **pequeños huesos redondeados** llamados cascos.

Entre las **garras más *top*** de todos los tiempos están las del ***Therizinosaurus***, que poseía las **más largas del mundo.**

No se queda atrás la **garra del pulgar** del ***Iguanodon***. Lo más probable es que la usara para defenderse de sus depredadores. ¡Impresionante!

Y, por último, hay que destacar **la gran garra del *Velociraptor***. Tenía forma de hoz y medía hasta **9 cm**. ¡Madre mía!

DIENTES, DIENTES

¿Piensas que a los dinos les preocupaba tener una bonita sonrisa? ¡Pues no! Podemos encontrar grandes diferencias entre los dientes de los dinosaurios herbívoros y los carnívoros. **Los herbívoros tenían dientes de variados tipos**, teniendo en cuenta su alimentación y el lugar en el que vivían. Por otro lado, **los dientes de los carnívoros estaban superafilados** para poder desgarrar perfectamente a sus presas. Destacan los dientes del ***T. rex***, medían unos 20 cm, los mordiscos que daba eran muy potentes. Su fuerza era impresionante. ¡Oye! ¿Sabías que existió un dinosaurio con **dientes similares a los de un tiburón**? Fue el llamado ***Carcharodontosaurus***.

Los dientes del ***Diplodocus*** y el ***Brachiosaurus*** tenían forma de cuchara y tragaban la comida **sin masticar**.

Algunos dinosaurios herbívoros de gran tamaño, como el ***Brachiosaurus***, podían alimentarse de las **hojas de las partes más altas** de las copas de los árboles, debido a que tenían unos cuellos larguísimos.

Los dinosaurios bajos como el ***Ankylosaurus*** y el ***Stegosaurus*** utilizaban sus **dientes con forma de hoja para moler** los helechos, el musgo o los frutos maduros.

Los dientes del ***Iguanodon*** eran **curvados y planos** para poder triturar bien las plantas.

EL DINOMENÚ

Antes de conocer el menú de los dinosaurios, debes saber algo muy importante. Los dinosaurios no se comían a los seres humanos por una sencilla razón... ¡Porque nunca coincidieron en el tiempo! **¡Los dinosaurios son anteriores a la aparición de la humanidad!** ¿Sorprendido? Pues sigue leyendo y conoce su dieta... La **vegetación era variada** (palmeras, cactus, coníferas) y fue evolucionando hasta que llegaron las plantas con flores. Pero, además, los **herbívoros** necesitaban comer algo sorprendente para poder digerir bien su comida. ¿Sabes lo que era? Pues nada más y nada menos que... **¡PIEDRAS!**

Los carnívoros se alimentaban de presas vivas o de animales muertos. El ***T. rex*** prefería las presas vivas. Los dinosaurios carnívoros también podían atacar en manada.

Otros, como el ***Spinosaurus***, solía alimentarse de **pescado**. ¡Como ves, en la variedad está el gusto! ¡Buen provecho!

DINOEXCREMENTOS

¡Plof! Sí, es cierto. **Los dinosaurios también defecaban.** ¿Sabes qué nombre reciben los excrementos de los dinosaurios? Se llaman **coprolitos**. Este nombre es bastante divertido, ¿no crees? Los coprolitos no son unas cacas cualquiera. A través de ellas se puede averiguar cuál era la dieta de los dinosaurios, es decir, lo que comían.

LOOKSAURUS

Estos dinosaurios eran muy molones y les encantaba ir a la moda luciendo diferentes ***looks***. Son tan variados como pintorescos, desde crestas hasta cuernos, garras de vértigo, colas infinitas, pasando por suaves plumas y pelos. Sus tonalidades y variedad de colores eran dignos de admiración. ¡Vamos a descubrir algunos de los más característicos!

Gastonia - Lucía una fuerte coraza con púas y placas. Además, tenía cuatro cuernos en la cabeza.

Sinosauropteryx - Tenía plumas y destacaba su cola larga y rayada.

Carnotaurus - Se le conoce por el nombre de toro, pues tenía dos grandes cuernos en su cabeza.

Dilophosaurus - Poseía una doble cresta redondeada en la cabeza. Sin duda, esta sería una buena forma de llamar la atención de aquellos que lo rodeaban.

Cryolophosaurus - Llevaba u extraña y peculiar cresta en la cabeza, que recordaba a la de popular estrella Elvis Presley.

Concavenator - Tenía una cresta en forma de joroba muy característica.

Parasaurolophus - Lucía una larga cresta hueca en su cabeza, lo que le permitía emitir sonidos que resonaban y recordaban a los que produce el trombón.

DINOLIMPIADAS

Los dinosaurios tenían grandes habilidades, cada uno las suyas. ¡Algunos eran superveloces! Y otros... ¡muuuy pesados! En el buen sentido, ¡claro está!

El ***Ornithomimus*** era el rey de las carreras, capaz de alcanzar los 80 km/hora. El ***Tyrannosaurus rex*** podía correr a unos 40 km/h y el ***Deinonychus***, a unos 30. ¡Caray!

Por su parte, el ***Pentaceratops*** podría ser el ganador en la categoría de lucha libre, donde en lugar de emplear espadas para ganar la competición, utilizaría sus **poderosos y afilados cuernos**. ¡Qué miedito!

En un torneo de boxeo, el ganador podría ser el ***Shunosaurus***, pues podemos imaginárnoslo dando golpes con su **gran cola con maza y púas**. ¡Qué locura!

Sin duda, el gran triunfador en la categoría acuática sería el ***Spinosaurus***, pues podía **moverse por el agua a mucha velocidad**. ¡Glup!

En la categoría de vela, destaca el ***Ouranosaurus***, con su **espectacular "vela" dorsal**. ¡Estas dinolimpiadas son fantásticas!

EXTINCIÓN DE LOS DINOSAURIOS

Los dinosaurios se extinguieron hace mucho tiempo, pero ¿sabes por qué? Surgieron muchas teorías al respecto. La más aceptada fue que **hace 65 millones de años un meteorito de 11 km de diámetro cayó sobre la Tierra** y generó muchos desastres naturales. Entre ellos un gran tsunami, terremotos y una potente onda expansiva. Había tanto polvo en suspensión, que eso pudo haber provocado el **descenso de la temperatura de la Tierra**, impidiendo que las plantas pudieran fabricar su propio alimento y generando una **catástrofe en la cadena alimenticia**, lo que dio lugar a la desaparición de muchas especies.

¡Ojo, no te pongas triste! Puede que los dinosaurios no se hayan extinguido del todo... ¿Tienes algún pájaro cerca? Obsérvalo bien y piensa que quizás un dinosaurio te está vigilando.

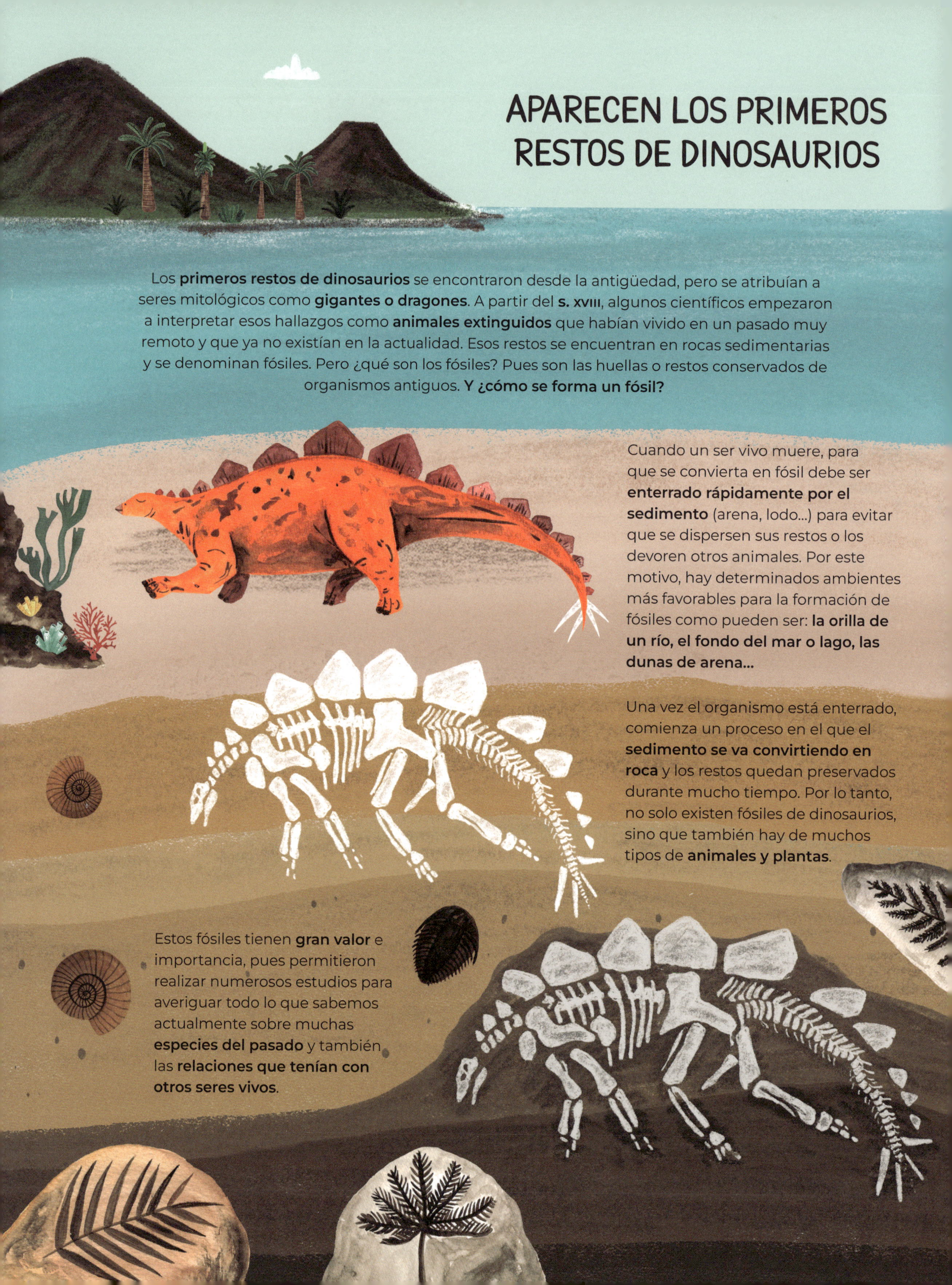

APARECEN LOS PRIMEROS RESTOS DE DINOSAURIOS

Los **primeros restos de dinosaurios** se encontraron desde la antigüedad, pero se atribuían a seres mitológicos como **gigantes o dragones**. A partir del **s. XVIII**, algunos científicos empezaron a interpretar esos hallazgos como **animales extinguidos** que habían vivido en un pasado muy remoto y que ya no existían en la actualidad. Esos restos se encuentran en rocas sedimentarias y se denominan fósiles. Pero ¿qué son los fósiles? Pues son las huellas o restos conservados de organismos antiguos. **Y ¿cómo se forma un fósil?**

Cuando un ser vivo muere, para que se convierta en fósil debe ser **enterrado rápidamente por el sedimento** (arena, lodo...) para evitar que se dispersen sus restos o los devoren otros animales. Por este motivo, hay determinados ambientes más favorables para la formación de fósiles como pueden ser: **la orilla de un río, el fondo del mar o lago, las dunas de arena...**

Una vez el organismo está enterrado, comienza un proceso en el que el **sedimento se va convirtiendo en roca** y los restos quedan preservados durante mucho tiempo. Por lo tanto, no solo existen fósiles de dinosaurios, sino que también hay de muchos tipos de **animales y plantas**.

Estos fósiles tienen **gran valor** e importancia, pues permitieron realizar numerosos estudios para averiguar todo lo que sabemos actualmente sobre muchas **especies del pasado** y también las **relaciones que tenían con otros seres vivos**.

GRANDES DESCUBRIDORES DE DINOSAURIOS

Encontrar algo nuevo y misterioso siempre es emocionante, ¿a que sí? ¿Estás preparado para averiguar quiénes fueron los grandes descubridores de los dinosaurios y otros seres increíbles? Pues sigue leyendo... Anterior a los descubrimientos de los dinosaurios, la **primera mujer paleontóloga de la historia**, llamada **Mary Anning**, encontró en **1811** el primer fósil de **ictiosaurio** (que no era un dinosaurio) y en **1821** descubrió el primer **plesiosaurio** (que tampoco era un dinosaurio).

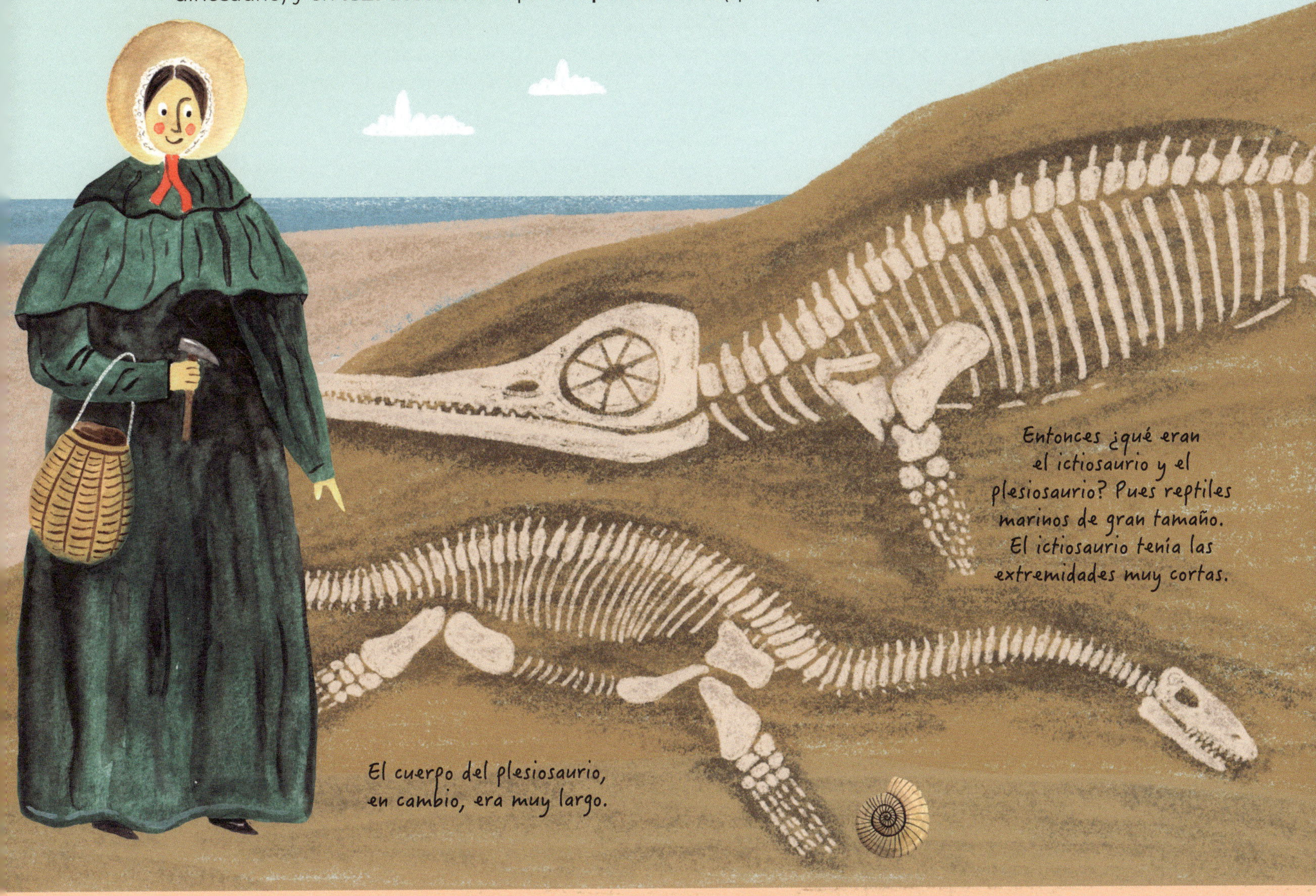

Gideon Mantell y su esposa, Mary Ann Woodhouse, fueron los descubridores, en el año 1822, del primer dinosaurio. Posteriormente, en el año 1825, Mantell le asignó el nombre de ***Iguanodon***. Le puso ese nombre porque sus dientes mostraban cierto parecido con los de las iguanas.
El ***Iguanodon*** era un dinosaurio herbívoro de gran tamaño y de huesos muy fuertes. Tenía una peculiar garra en el pulgar. En un primer momento se llegó a pensar que era un cuerno que tenía en la cabeza.

Richard Owen acuñó, en el año **1841**, el término de **"dinosaurio"** para clasificar a este tipo de reptiles fósiles del Mesozoico.

LA GUERRA DE LOS HUESOS

Pronto el interés por los dinosaurios se trasladaría a **Norteamérica**, también allí aparecerían restos de dinosaurios. Con la expansión americana hacia el oeste, se abría un inmenso territorio inexplorado para la búsqueda de restos de estas fascinantes criaturas. Fue muy famosa la “Guerra de los Huesos” en la que **dos paleontólogos llamados Marsh y Cope**, junto con sus colaboradores, empezaron a **competir por el hallazgo de huesos de dinosaurios en el lejano oeste** como si fueran dos bandas de forajidos. Hasta el punto de sabotearse los unos a los otros. **Fruto de esta rivalidad se descubrieron muchas nuevas especies de dinosaurios**. Además, luchaban por ser los primeros en publicar artículos en revistas científicas sobre sus descubrimientos.

EQUIPO BÁSICO DE UN/UNA PALEONTÓLOGO/A

¿Sabes qué es un paleontólogo/a? **Es un científico/a que estudia los fósiles para conocer las formas de vida que existían en el pasado**. Si te han entrado ganas de ser uno de ellos, toma nota de nuestros consejos. Aquí tienes una lista con todo lo que necesitas:

¡Recuerda que debes respetar las normas sobre recolección de fósiles del lugar donde vives!

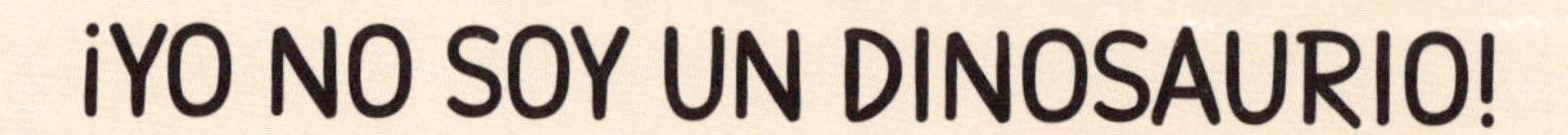

¡YO NO SOY UN DINOSAURIO!

¡Atención! ¡No te confundas! Estas especies de reptiles **NO ERAN DINOSAURIOS**:

ICTIOSAURIO
Reptil marino con un gran parecido con los delfines. Era carnívoro y vivíparo, es decir, nacía del vientre de su madre.

PLESIOSAURIO
Reptil marino. Su cuello era larguísimo, tenía una cola corta y unas aletas largas que le permitían desplazarse rápidamente por el agua.

MOSASAURIO
Reptil marino, carnívoro y de gran tamaño. Poseía grandes mandíbulas con dientes cónicos que le servían para capturar peces y otros animales acuáticos.

QUETZALCOATLUS
Era un tipo de pterosaurio de tamaño gigantesco. Tenía un pico muy agudo, afilado y sin dientes. ¡Se cree que podía llegar a medir hasta 6 metros de altura!

PTEROSAURIO
Gran reptil volador con alas membranosas, como los actuales murciélagos. Los pterosaurios fueron los primeros vertebrados que pudieron volar.

DIMETRODON

Era un sinápsido. En su lomo tenía una gran vela y, aunque su aspecto era similar al de un dinosaurio, estaba más relacionado con los mamíferos.

LOS *DINOFAKES*

¿Quieres conocer los errores más famosos relacionados con los dinosaurios? Quédate y te enterarás de todo.

Se llegó a decir que el famoso **monstruo del Lago Ness** podría ser un dinosaurio, concretamente un plesiosaurio.

¡Alucinante! Hallazgos de huesos muy antiguos llevaron a los paleontólogos a creer que se trataba de **huesos de gigantes**.

Los chinos llegaron a pensar que los **dinosaurios eran dragones** y utilizaban sus huesos para fabricar medicinas naturales.

Uno de los ***dinofakes*** más conocidos es **la creencia de que los dinosaurios convivieron con los humanos**, pero esto es un error. Nunca coincidieron en el tiempo. Los dinosaurios se extinguieron mucho antes de la aparición de los homínidos.

EN OCASIONES VEO DINOSAURIOS

¡Hey! Si estás dispuesto a investigar y buscar nuevos restos de dinosaurios, debes saber que no los encontrarás en una roca cualquiera. Solo es posible encontrarlos en las llamadas rocas sedimentarias. Las rocas sedimentarias están **formadas por sedimentos** (fragmentos de materiales) **que son transportados por el agua, el viento y el hielo**. Este tipo de rocas pueden formarse en ríos, en los mares, en los lagos...

¿Sabías que los antiguos buscadores de fósiles como Mary Anning podían llevárselos a casa? En la actualidad esto no se puede hacer. ¿Te imaginas poder encontrar un resto de dinosaurio? ¡Eso es dificilísimo! Pero para que puedas ver y conocer algunos de sus restos y reconstrucciones, te indicamos algunos museos de referencia para visitarlos:

1. MUJA- Museo del Jurásico de Asturias. Acoge una de las muestras de dinosaurios más completas del mundo. Además de su exposición permanente, cuenta con salas de exposiciones temporales y hasta un auditorio.

2. DINÓPOLIS. Parque temático sobre dinosaurios que encontrarás en Teruel y en siete localidades más de esta provincia.

3. Museo de Historia Natural de Berlín. Entre sus estrellas más destacadas están el gigantesco *Brachiosaurus*, el *Archaeopteryx lithographica* y el *Kentrosaurus*.

4. Jurassic Land de Estambul. Es un divertido parque temático de dinosaurios.

5. Museo de Historia Natural de Londres. Está considerado como uno de los principales museos paleontológicos por tener la mayor colección de dinosaurios. La estrella de este museo es Dippy, un gigantesco *Diplodocus*.

6. Museo Field de Historia Natural de Chicago. La estrella de este museo es Sue, el *Tyrannosaurus rex* más famoso del mundo.

7. Museo Tyrrell de Alberta. La estrella de este museo canadiense es el esqueleto de *Tyrannosaurus rex* al que se le conoce con el nombre de "belleza negra".

8. Museo Nacional de Dinosaurios de Canberra. Alberga una gran colección de fósiles de dinosaurios localizados en Australia.

9. Museo del Dinosaurio en Zigong. Está situado en un lugar llamado Dashanpu, en China, en el que se encuentran gran cantidad de fósiles. De este modo, se permite a los visitantes ver cómo se llevan a cabo las excavaciones. Este museo cuenta, además, con 18 esqueletos completos.

LOS DINOSAURIOS EN EL CINE

3, 2, 1... ¡Acción! ¡Los dinosaurios son tan increíbles que hasta han conquistado el cine! Ha pasado muuucho tiempo desde que se rodó la **primera película**, allá por el año **1925**: ***The Lost World***. Desde entonces, los dinosaurios le cogieron el gusto a la gran pantalla y no han parado de rodar. ¿Te animas a ver alguna película protagonizada por dinos? Aquí tienes una **lista de las más destacadas**, aunque hay muchas más. ¡Recuerda que estas películas son **ciencia ficción** y esto quiere decir que, en muchos casos, no se ajustan a la realidad!

El mundo perdido (1925)

Se nos ha perdido un dinosaurio (1975)

En busca del valle encantado (1988)

Rex, un dinosaurio en Nueva York (1993)

Parque Jurásico (1993)

El mundo perdido Parque Jurásico II (1997)

Dinosaurio (2000)

Parque Jurásico III (2001)

Caminando entre dinosaurios (2013)

Jurassic World (2015)

Jurassic World: el reino caído (2018)

Jurassic World: Dominion (2022)

EL FUTURO DE LOS DINOSAURIOS

Que levante la mano a quién le gustaría ver un dinosaurio en directo. Sí, sí, vivito y coleando. ¿Te imaginas que los dinosaurios pudieran regresar? Piénsalo solo durante un instante. ¿Dónde vivirían? ¿De qué se alimentarían? ¿Nos atacarían o, por el contrario, serían domesticables? ¿Podrían llegar a convivir con nosotros? Lo que parece claro es que resultaría muy complicado recuperar el ADN de los dinosaurios para poder revivirlos, de modo que no entraría dentro de las posibilidades de la ciencia actualmente. En cualquier caso, resulta emocionante imaginarnos a los dinosaurios entre nosotros...

DINOGUÍA

IGUANODON

Destaca su peculiar garra del pulgar. Seguramente era una especie de arma para defenderse de sus depredadores. Fue el primer dinosaurio identificado hace unos 200 años.

PERÍODO: Cretácico inferior
TIPO: Ornitisquio
SIGNIFICADO: Diente de iguana
DIETA: Herbívoro
LONGITUD: Unos 10 metros

SPINOSAURUS

Era el dinosaurio más largo del grupo de los carnívoros. Vivía en zonas pantanosas, siempre cerca del agua y de poca profundidad.

PERÍODO: Cretácico superior
TIPO: Saurisquio
SIGNIFICADO: Lagarto espinoso
DIETA: Carnívoro (peces)
LONGITUD: Unos 15 metros

ANKYLOSAURUS

Era de gran tamaño, con una singular maza en la cola. Su coraza le proporcionaba una gran protección y resistencia.

PERÍODO: Cretácico superior
TIPO: Ornitisquio
SIGNIFICADO: Lagarto acorazado
DIETA: Herbívoro
LONGITUD: Entre 8 y 10 metros

TRICERATOPS

Pesaba mucho, unas cuantas toneladas, y esto hacía que se desplazara con cierta lentitud.

PERÍODO: Cretácico superior
TIPO: Ornitisquio
SIGNIFICADO: Cabeza de tres cuernos
DIETA: Herbívoro
LONGITUD: Unos 8 metros

PARASAUROLOPHUS

Tenía pico de pato y una característica cresta que se piensa que era para producir un sonido grave, aunque también existen otras teorías.

PERÍODO: Cretácico superior
TIPO: Ornitisquio
SIGNIFICADO: Cercano al lagarto crestado
DIETA: Herbívoro
LONGITUD: Unos 10 metros

CARNOTAURUS

Tenía cuernos y bultos en la piel.
Sus brazos eran cortísimos.

PERÍODO: Cretácico superior
TIPO: Saurisquio
SIGNIFICADO: Toro carnívoro
DIETA: Carnívoro
LONGITUD: Unos 8 metros

VELOCIRAPTOR

No era demasiado grande. Tenía la cola larga y garras grandes.

PERÍODO: Cretácico superior
TIPO: Saurisquio
SIGNIFICADO: Ladrón veloz
DIETA: Carnívoro
LONGITUD: Unos 2 metros

BRACHIOSAURUS

Era gigantesco y tenía un cuello larguísimo.

PERÍODO: Jurásico superior
TIPO: Saurisquio
SIGNIFICADO: Lagarto con brazos
DIETA: Herbívoro
LONGITUD: Entre 24 y 26 metros

TYRANNOSAURUS REX

Tenía un cerebro muy grande y destacaba por su vista y mandíbula de gran tamaño, pero tenía unos brazos pequeñísimos.

PERÍODO: Cretácico superior
TIPO: Saurisquio
SIGNIFICADO: Lagarto tirano
DIETA: Carnívoro
LONGITUD: Unos 12 metros

PSITTACOSAURUS

Corría sobre dos patas en lugar de cuatro. Su pico era curvado y afilado.

PERÍODO: Cretácico superior
TIPO: Ornitisquio
SIGNIFICADO: Lagarto loro
DIETA: Herbívoro
LONGITUD: Unos 2 metros

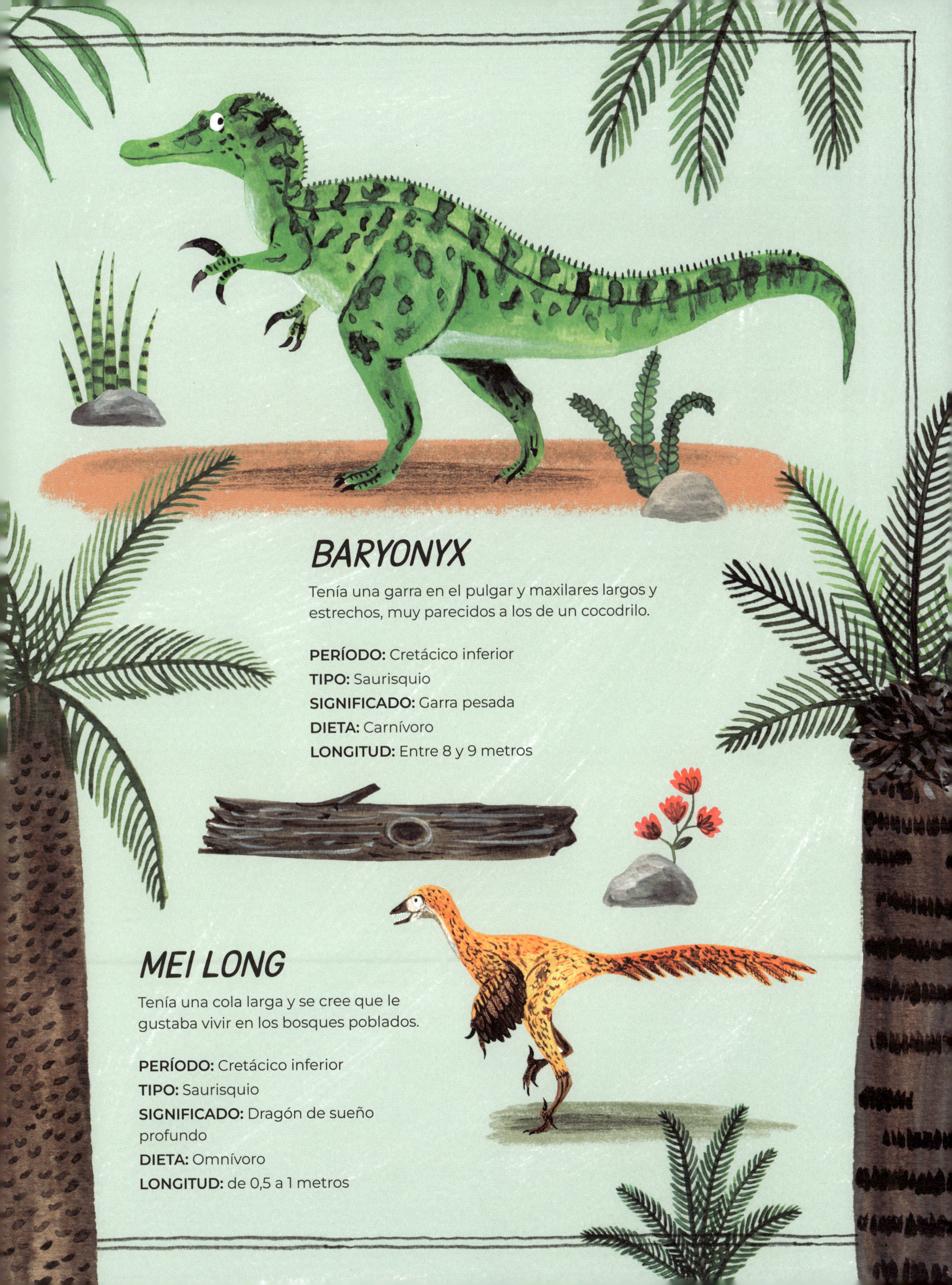

BARYONYX

Tenía una garra en el pulgar y maxilares largos y estrechos, muy parecidos a los de un cocodrilo.

PERÍODO: Cretácico inferior
TIPO: Saurisquio
SIGNIFICADO: Garra pesada
DIETA: Carnívoro
LONGITUD: Entre 8 y 9 metros

MEI LONG

Tenía una cola larga y se cree que le gustaba vivir en los bosques poblados.

PERÍODO: Cretácico inferior
TIPO: Saurisquio
SIGNIFICADO: Dragón de sueño profundo
DIETA: Omnívoro
LONGITUD: de 0,5 a 1 metros

SALTASAURUS

Tenía el cuelo muy largo, las patas gruesas y una coraza.

PERÍODO: Cretácico superior
TIPO: Saurisquio
SIGNIFICADO: Reptil que salta
DIETA: Herbívoro
LONGITUD: Unos 12 metros

DIPLODOCUS

Era gigantesco y su cola parecía un látigo.

PERÍODO: Jurásico superior
TIPO: Saurisquio
SIGNIFICADO: De doble viga
DIETA: Herbívoro
LONGITUD: Unos 27 metros

GIGANOTOSAURUS

Robusto y con dientes muy afilados.

PERÍODO: Cretácico superior
TIPO: Saurisquio
SIGNIFICADO: Reptil gigante del sur
DIETA: Carnívoro
LONGITUD: Unos 13 metros

OVIRAPTOR

Era pequeño y no tenía dientes. Su cuerpo lleno de plumas le ayudaba a mantener calientes los huevos que robaba para comer.

PERÍODO: Cretácico superior
TIPO: Saurisquio
SIGNIFICADO: Ladrón de huevos
DIETA: Omnívoro
LONGITUD: Entre 2 y 3 metros

ALBERTOSAURUS

Tenía unos potentes maxilares y dientes muy afilados.

PERÍODO: Cretácico superior
TIPO: Saurisquio
SIGNIFICADO: Reptil de Alberta
DIETA: Carnívoro
LONGITUD: Unos 7 metros

THERIZINOSAURUS

Era de gran tamaño. Tenía el cuello largo y sus garras también eran larguísimas.

PERÍODO: Cretácico superior
TIPO: Saurisquio
SIGNIFICADO: Reptil de guadaña
DIETA: Herbívoro
LONGITUD: Unos 11 metros

APATOSAURUS

Era de gran tamaño.

PERÍODO: Jurásico superior
TIPO: Saurisquio
SIGNIFICADO: Lagarto engañoso
DIETA: Herbívoro
LONGITUD: Entre 20 y 27 metros

ARGENTINOSAURUS

Gigantesco y muy pesado.

PERÍODO: Cretácico superior
TIPO: Saurisquio
SIGNIFICADO: Lagarto de Argentina
DIETA: Herbívoro
LONGITUD: Unos 30 metros

EORAPTOR

Era de pequeño tamaño y muy veloz.

PERÍODO: Triásico superior
TIPO: Saurisquio
SIGNIFICADO: Ladrón del amanecer
DIETA: Carnívoro
LONGITUD: 1,5 metros

Este libro se ha acabado... ¿O no?

Hasta aquí llega nuestra aventura prehistórica por el mundo de los dinosaurios. **¿Has conseguido dinosaurizarte?** Vamos a comprobarlo... ¿Crees que eres un gran corredor? ¿O que en tu cerebro resuena alguna canción? ¿Te gusta más la carne que las verduras? Pues en estas pequeñas cosas seguro que te identificarás con alguno de nuestros dinosaurios. Ojalá este libro te haya permitido **descubrir un poquito más el apasionante universo de los dinosaurios**, pues forman parte de nuestra vida y cuesta creer que se hayan extinguido del todo,

¿no crees?

Gracias a los libros, a los documentales y al cine nos hemos acercado a ellos cada vez más. Pero, sobre todo, si te has divertido leyendo este libro, entonces, objetivo conseguido: ¡ENHORABUENA!

No olvides gritar a los cuatro vientos...
¡DINOSAURÍZATE!